# LINGOTTO
## Storia e guida

UMBERTO ALLEMANDI & C.

TORINO ~ LONDRA ~ VENEZIA ~ NEW YORK

*I* l progetto del Lingotto ha avuto fin dall'inizio l'obiettivo di realizzare una struttura in grado di svolgere le attività terziarie, di cui Torino aveva un forte bisogno nella fase di profondo mutamento del sistema produttivo che stava attraversando, e quindi si puntò a trasformare l'impianto industriale in un edificio moderno, destinato a svolgere nuove funzioni economiche e sociali.

Nel realizzare questo grande progetto architettonico è stato ricercato un corretto equilibrio tra il mantenimento dell'identità di un impianto produttivo, che aveva rappresentato uno dei monumenti più rilevanti dello sviluppo industriale del nostro paese, e la capacità di proiettarsi verso il futuro.

Sotto questo punto di vista, l'opera di Renzo Piano si è manifestata nell'innovazione di una realtà che conserva la fisionomia e il fascino degli aspetti più significativi della vecchia struttura.

In tal modo è stato possibile conciliare con grande efficacia il valore architettonico di una struttura chiusa con un tema di destinazione aperto e flessibile.

Anche se questo profilo di plurifunzionalità è stato costantemente perseguito, sono state tuttavia individuate alcune funzioni essenziali che rappresentano il cuore del nuovo Lingotto: il Centro Fiere, il Centro Congressi, il Centro Commerciale.

Intorno a queste funzioni si sono articolate tutte le altre, dagli uffici all'Università, dall'albergo ai cinematografi.

Nello sviluppo del progetto, il Lingotto è stato sempre considerato non solo per le proprie valenze architettoniche e funzionali, ma anche in quanto centro di una trasformazione che coinvolga l'intera area circostante, in modo da costituire un sistema urbano che integra e completa il tradizionale centro della città.

A questa grande opera - che si è sviluppata lungo l'arco di un decennio e che oggi è arrivata alla sua conclusione - hanno partecipato, insieme ai soci della Società di promozione che, oltre al Gruppo Fiat, sono il Comune di Torino, la Banca CRT, il San Paolo IMI, il Gruppo Assicurazioni Generali - INA, il Gruppo FS, la Banca Popolare di Novara, anche, in varie forme, la Regione Piemonte, la Camera di Commercio di Torino, l'Unione Industriale di Torino, la Fondazione CRT, la Compagnia di San Paolo, il Politecnico di Torino, l'Università di Torino, il Gruppo Pathé, il Gruppo Promotor.

Le due istituzioni che oggi iniziano la loro attività, la Pinacoteca Giovanni e Marella Agnelli e il corso di laurea in Ingegneria dell'Autoveicolo del Politecnico di Torino, arricchiscono il Lingotto di funzioni culturali e di ricerca che sono coerenti con le scelte iniziali.

Infatti le nuove realtà produttive trovano nel Lingotto una sede dove la memoria del passato diventa stimolo e rafforzamento per il futuro, nell'integrazione fra economia e cultura.

*F*rom the outset, the aim of the Lingotto project has been to create a structure that would accommodate service activities vital to Turin at a time of radical change to the system of production. All endeavours have, therefore, concentrated on transforming the factory into a modern building that would perform new economic and social functions.

In carrying out this great architectural design, a proper balance was sought between preserving the identity of a factory that had been one of the major monuments in Italy's industrial development and a capacity to provide for a future role.

In this sense, Renzo Piano's achievement has been to create a new reality that retains the most significant aspects of the old building's appearance and attraction.

It has therefore been possible to reconcile the architectural value of a closed structure with the idea of open and flexible future use.

Even though a multi-functional objective has always been pursued, certain essential functions were chosen and represent the heart of the new Lingotto: the Exhibition Centre, the Conference Centre and the Shopping Centre.

All other functions, from offices to Polytechnic, hotel and cinemas, have been distributed around these.

Throughout the project, Lingotto has always been considered not merely in the light of its architectural and functional value but also as a hub to transform the whole surrounding area, in such a way as to create an urban system that integrates and completes the traditional city centre.

This major work, developed over ten years and today come to its conclusion, has been supported by the shareholders in the company created to realise it - the Gruppo Fiat, the town council of Turin, Banca CRT, San Paolo IMI, Gruppo Assicurazioni Generali - INA, Gruppo FS, Banca Popolare di Novara - but also, in various roles, the Region of Piedmont, the Turin Chamber of Commerce, the Unione Industriale di Torino, Fondazione CRT, Compagnia di San Paolo, the Turin Polytechnic, the University of Turin, Gruppo Pathé and Gruppo Promotor.

The two institutions that open their doors today, the Giovanni and Marella Agnelli Pinacoteca (picture gallery) and Turin Polytechnic's Automobile Engineering degree course, enrich Lingotto with cultural and research functions in keeping with the initial policy.

Indeed, these new realities of production find, in Lingotto, a place where the memory of the past will stimulate and consolidate the integration of economy and culture.

# Un'architettura riformata:
## le trasformazioni del Lingotto dal 1982 a oggi

# Reformed architecture:
## Lingotto changes from 1982 to the present day

CARLO OLMO

Per accedere al primo piano si devono salire scale oblique. Un segno, uno dei pochi, che rompe una struttura architettonica, geometrica. Una dissonanza che è in realtà indizio di contraddizioni più generali. È impossibile, quasi per tutti, conoscere davvero il Lingotto. Le funzioni che vi sono ospitate si sono moltiplicate, sino a produrre effetti di contaminazione. L'architettura sembra così essere andata al di là delle scelte dei committenti e dello stesso progettista. Oggi è un luogo, ancora incompiuto, ma un luogo. Un luogo dove i margini tra funzioni erodono le differenze. Ed è forse la cosa che più colpisce, se si ripensa a come la vicenda, durata più di vent'anni, si è dipanata.

La discussione sul destino del Lingotto riprende nel 1981, ancor prima che la produzione industriale sia spostata e l'edificio rimanga come un letto di amanti, appena abbandonato. Un confronto che mette in discussione le basi culturali della società fordista: i valori, innanzitutto, che quella società aveva garantito e quell'architettura aveva prodotto: l'appartenenza (a un gruppo professionale e a un'organizzazione), l'identità (segnata dal lavoro, ma anche dalla sua continuità), la sicurezza (sia pur di un destino, che si compie spesso dentro i confini di un ruolo sociale, non solo lavorativo, definito). Forse, almeno in parte, anche per la natura della competizione che viene indetta nel 1983, furono soprattutto e solo gli architetti a «giocare» con il Lingotto.

Nulla di questa lunga vicenda avrebbe conservato quell'*incipit* gioioso. Il significato stesso da attribuire al monumento fu oggetto di un dibattito che si protrae negli anni e che non è ancora concluso. Architettura simbolo di cosa? Di una vorace e, per altro, mutevole idea di modernità, dell'organizzazione scientifica del lavoro e dei suoi protagonisti, del conflitto sociale e dei suoi attori, della cultura d'impresa? La storia stessa del Lingotto non aiuta. Fabbrica divenuta insieme simbolica e obsoleta troppo rapidamente, già alla fine degli anni venti. E i numerosi convegni, organizzati tra il 1982 e il 1989 sul destino dell'edificio, testimoniano, prima ancora che una progettualità ancora tutta da esplorare, un autentico *horror vacui*. L'idea che un tratto nero di penna segnasse sulla cartografia comunale l'area occupata dal Lingotto venne autenticamente rimossa. Sin quasi a dimenticare di far procedere in parallelo gli studi sulla possibile ristrutturazione dell'edificio e quelli sulle forme di gestione delle attività che vi si sarebbero insediate.

Una condizione che non deve meravigliare, figlia di una stagione di crisi. Crisi per altro rese più profonde dagli avvenimenti internazionali del 1989. Una crisi enfatizzata anche da

LA RAMPA SUD
Progettata nel 1925 da Vittorio Bonadé Bottino, venne terminata l'anno successivo. Le due rampe, posizionate a Nord e a Sud delle officine del Lingotto, erano utilizzate per l'accesso delle automobili alla pista, sul tetto del fabbricato, dove le auto erano collaudate. La rampa Sud è ancora oggi utilizzata per il transito dei veicoli, mentre la rampa Nord è esclusivamente pedonale.
© Archivio Storico Fiat

THE SOUTH RAMP
Designed in 1925 by Vittorio Bonadé Bottino, it was completed the following year. The two ramps, positioned to the North and South of the Lingotto workshops, led to the tracks on the factory roof, where the cars were tested. The South ramp is still used for vehicle transit; the North ramp is now for pedestrians only.
© Archivio Storico Fiat

una cultura (architettonica e urbanistica) che non conosce (o fa finta di non conoscere) la storia della città. Una storia fatta di vuoti, di abbandoni, di riappropriazioni temporanee e spesso improprie degli spazi, prima che un convento diventi fabbrica o uno spazio abbandonato un giardino o una piazza. Crisi anche di una società fondata su certezze (anche dure e semplificate) e di una cultura (economica e sociale) costruita sulla crescita continua, la cui espressione fu non a caso una metafora elementare: le stagioni dei boom. La vicenda della riconversione del Lingotto è attraversata in realtà da molte storie, che sarà necessario raccontare e che è solo possibile tracciare sperando che non risultino come le battaglie di Camillo all'aurora.

La storia del progetto, del progettista e del suo misurarsi con un'architettura segnata da una trama di ordini (costruttivi, distributivi, formali), che si sviluppa su una lunga durata. Una storia che mette in rilievo successi e negoziazioni, quasi che, più che di un'unica architettura, si tratti di un brano di città. Un progetto che nasce in un clima culturale ed è il frutto di un'esperienza professionale (quella di Renzo Piano), che mette in mostra, nei ferri, nei getti, nelle scelte distributive, quasi l'intera biografia dell'architetto. Una biografia incompleta, che non può essere letta prescindendo da ciò che Piano progetta in parallelo. Una biografia che insieme arricchisce e smentisce la costruzione della fama dell'architetto genovese. Ne arricchisce la capacità di dialogare con un'architettura davvero autonoma, ne smentisce la riduzione a tardo mastro comacino, immagine dietro cui Piano spesso nasconde le sue scelte progettuali.

La storia di un cantiere, che si svolge in tre fasi, non continue nel tempo, che vede mutare, al di là dello stesso Renzo Piano, quasi tutti i suoi protagonisti. Mutano gli architetti che lo

VISITA DI PAPA
GIOVANNI PAOLO II
Sua Santità venne al Lingotto
in occasione della mostra «Arte
Russa e Sovietica 1870-1930»,
che visitò accompagnato
da Giovanni Agnelli,
Renzo Piano e Giovanni
Carandente (1989).
© Bosio, Cinefiat

POPE JOHN PAUL II's VISIT
His Holiness visited Lingotto
for the "Russian and Soviet
Art 1870-1930" exhibition;
he was accompanied
by Giovanni Agnelli,
Renzo Piano and Giovanni
Carandente (1989).
© Bosio, Cinefiat

LA MOSTRA «ARTE RUSSA
E SOVIETICA 1870-1930»
La mostra, a cura di Giovanni
Carandente, si tenne negli spazi
delle officine de Lingotto
ed ebbe oltre 150.000 visitatori
in cinque mesi di apertura.
© Václav Sĕdý

THE "RUSSIAN AND SOVIET
ART 1870-1930" EXHIBITION
The exhibition, curated
by Giovanni Carandente,
was held on the Lingotto
shop-floor and visited by more
than 150,000 people
in the five months it was open.
© Václav Sĕdý

UN CONCERTO NEL CORTILE
DELLE OFFICINE

A CONCERT IN THE
WORKSHOP COURTYARD

LA MOSTRA «ARTE
AMERICANA 1930‹1970»
La mostra, a cura di Attilio
Codognato, si tenne nel 1992.

THE "AMERICAN ART
1930‹1970" EXHIBITION
This exhibition, curated
by Attilio Codognato,
was held in 1992.

«GLI ULTIMI GIORNI
DELL'UMANITÀ»
DI KARL KRAUS
La ex Sala Presse ospitò,
nel dicembre 1990,
un grandioso spettacolo
teatrale; la regia era
di Luca Ronconi per il Teatro
Stabile di Torino.
© Tommaso Lepera

"THE LAST DAYS
OF HUMANITY"
BY KARL KRAUS
In December 1990, the former
Press Shop staged a grand
theatre performance, directed
by Luca Ronconi for the
Teatro Stabile di Torino.
© Tommaso Lepera

LA MOSTRA «ANDY WARHOL.
I PRIMI SUCCESSI
A NEW YORK 1946‹1962»
A cura di Donna De Salvo
e Attilio Codognato, si svolse
nel 1990 nella Palazzina Uffici.
© Václav Sědý

THE "ANDY WARHOL.
EARLY SUCCESS
IN NEW YORK
1946‹1962" EXHIBITION
Curated by Donna De Salvo
and Attilio Codognato,
this was held in the Office
Block in 1990.
© Václav Sědý

affiancano, la committenza, le imprese, le società di ingegneria, i collaudatori, in un intreccio che raramente è dato vedere in un'architettura del XX secolo. Il cantiere del Lingotto è, contraddittoriamente, un cantiere della modernità (in cui giocano ruoli importanti, ad esempio, le più sofisticate formalizzazioni matematiche), ma anche un cantiere quasi medioevale, luogo sociale dove l'architetto deve riconquistare la sua autorità quasi ogni giorno e dove l'architettura evidenzia tutta la complessità di valori (anche solo costruttivi) che ordina e ingloba, insieme con il progetto architettonico. Un luogo di invenzioni (tecniche e figurative) e di normalizzazione (produttiva ma anche formale), di intreccio di competenze e di

una loro rimessa in gerarchia, di sfida quasi quotidiana all'intelligenza, alla capacità di af-
frontare e risolvere problemi, alla continuità che ogni progetto deve saper mantenere nel tempo, per non dissolversi in un formalismo (tecnologico o artistico, davvero poco importa).

La storia di un'architettura e della sua resistenza ai cambiamenti, alle trasformazioni. Lingotto conserva una sua identità. Non sono solo la maglia, la scansione delle finestre in fac-
ciata, le rampe o la pista a fissare questa immagine. È qualcosa che si avvicina all'aura ben-
jaminiana, soprattutto, ancora una volta, la notte. L'architettura, oggi che la ristrutturazio-

THE EXHIBITION CENTRE
The exhibition centre worksite,
on the area formerly occupied
by the Press Shop, constituted
the first restructuring phase,
entrusted to Renzo Piano.
It was terminated in March
1992, after a year's work.

ne è quasi conclusa, appare davvero lontana dai tanti shopping center o dalle molte mega strutture costruite negli ultimi vent'anni in tutto il mondo. Paradossalmente una fabbrica sembra dare ragione ai più sofisticati ragionamenti sull'autonomia dell'architettura dai modi della sua costruzione, elaborati in questi ultimi cinquant'anni.

L'edificio non si identifica con nessuna delle attività che vi si svolgono. Come tutte le architetture di questa dimensione, il Lingotto ha spazi pubblici e altri inaccessibili, luoghi privati e spazi di fruizione collettiva, presenta forti innovazioni (come la Bolla e la Pinacoteca) che ne modificano lo *skyline*, e luoghi resi quasi sacri dalla tradizione (architettonica, figurativa, sociale), come le rampe o la pista.

Un'architettura che distribuisce i suoi spazi, segnando percorsi obbligati e altri senza vincoli, aprendo a un improbabile visitatore garage, sotterranei, cavee, scale, ascensori, infiniti luoghi di servizio (spesso mobili e conosciuti solo a chi li usa).

Un'architettura che può apparire pubblica, affollata di gente, come i *passages* parigini e risultare inconoscibile. Un'esperienza ormai rara, in una società che mira a tematizzare persino il divertimento. Il Lingotto è un'architettura che può ancora spaesare, pur risultando fortissima l'immagine, il suo valore di monumento. Un paradosso, uno dei tanti che occorrerà indagare.

L'AUDITORIUM
Dedicato al Senatore Giovanni
Agnelli fondatore della Fiat
(1866-1945), l'Auditorium
è stato progettato da Renzo
Piano, con la collaborazione
di Helmut Müller per lo studio
dell'acustica. È interamente
rivestito in ciliegio.
Il controsoffitto può alzarsi
e abbassarsi, con un'escursione
di oltre 6 metri, per variare
l'acustica e rendere ottimale
l'impiego della sala sia per
la musica sia per i congressi.
L'Auditorium, capace di 2.000
posti, venne inaugurato
il 6 maggio 1994,
con un concerto della Berliner
Philharmonisches Orchester,
diretta da Claudio Abbado,
che eseguì la sinfonia n. 9
di Gustav Mahler.
© Gianni Berengo Gardin

THE AUDITORIUM
Dedicated to Senator Giovanni
Agnelli, the founder of Fiat
(1866-1945), the Auditorium
was designed by Renzo Piano,
with the collaboration
of Helmut Müller for the
acoustics. It is lined with cherry
wood. The double ceiling can
be raised and lowered
by more than 6 metres to alter
the acoustics and optimise
use of the hall for music
and conferences.
The Auditorium seats 2,000
and was inaugurated on 6 May
1994 with a concert by the
Berliner Philharmonisches
Orchester, conducted
by Claudio Abbado,
performing Gustav Mahler's
9th Symphony.
© Gianni Berengo Gardin

### LA PISTA

La pista per il collaudo delle automobili, posta sul tetto dell'edificio a 28 metri dal suolo, divenne simbolo del Lingotto sin dagli anni venti e insieme alle due rampe creò il mito dello stabilimento torinese. Venne concepita per una velocità di 90 chilometri orari. È stata restaurata nel 1993 ed è oggi uno spazio pedonale destinato all'uso pubblico, anche se, eccezionalmente, può ancora essere percorsa dalle auto.
© Gianni Berengo Gardin

### THE TEST TRACK

The automobile test track, situated on the roof of the building 28 metres above the ground, became the symbol of Lingotto from as early as the 1920s and, along with the two ramps, helped create the legend of the Turin factory. It was designed for a speed of 90 kilometres per hour. Restored in 1993, it is today a pedestrian area used by the public, although automobiles do use it in exceptional cases.
© Gianni Berengo Gardin

IL VERTICE EUROPEO
DEL 1996.

THE 1996 EUROPEAN SUMMIT.

LA BOLLA E L'ELIPORTO
La Bolla è una sala per riunioni
di prestigio, posta a 40 metri
dal suolo e collegata al Centro
Congressi da una coppia
di ascensori. La realizzazione
di questa struttura, avvenuta
nel 1994, richiese l'impiego
di due travi in acciaio
di 42 tonnellate ciascuna
e di una gigantesca gru
per il loro tiro in opera.
I cristalli hanno una speciale
curvatura e all'interno
un sistema automatizzato
di tende consente di schermare
il sole seguendone
lo spostamento.
© Paolo Bertolini

THE BUBBLE
AND THE HELIPORT
The Bubble is a prestigious
meeting room, 40 metres
above the ground and linked
to the Conference Centre
by twin lifts.
This structure was built
in 1994 using two steel girders
weighing 42 tons each
and raised by a huge crane.
The windows are specially
curved and an automatic
system inside follows
the moving sun to shade
the interior.
© Paolo Bertolini

La storia di un'architettura doppia, che rimane, ancor più in tempi di simboli deboli, di immagini destinate a durare pochi giorni, un segno davvero forte. Un segno che il recupero della Palazzina Uffici, il suo restauro amorevole, gestito con la stessa cura di quella dedicata a un edificio di Juvarra, propone nelle differenti strategie che l'impresa percorse e che sono rilevabili anche dai decori architettonici che la Palazzina incorpora. Un segno doppio di una memoria del Novecento con cui oggi si fa tanta fatica ad avere a che fare. Il Lingotto e la Palazzina ristrutturati si presentano come un laboratorio davvero complesso per un recupero che deve scegliere quando perseguire la filologia del restauro più rigoroso e quando invece la scala, prima ancora che ogni altro problema, impone strategie di riuso.

La storia di una sfida, che ha visto raccogliersi e dividersi attorno ai suoi eventi, lungo questi ultimi vent'anni, l'impresa e la città. Nessuna importante trasformazione urbana si è mai realizzata in maniera lineare: persino la *place royale* per eccellenza, place Louis XV, oggi place de la Concorde, a Parigi, nacque e si sviluppò tra infiniti contrasti. La città è il luogo del confronto e della competizione, come *civitas* e come *urbs*: e quando in palio vi sono valori (economici e simbolici) così alti, il confronto non può che essere aspro e forse salutare. Un gioco dove gli attori hanno giocato, negli anni, parti diverse tra loro, mutando loro stessi i propri ruoli: quasi in una necessaria rappresentazione del teatro dell'arte.
Lingotto non è un'area industriale dismessa (un vuoto comunque da riempire), la cui memoria può essere conservata da una ciminiera o da un simbolo, magari fuori scala. Così non è stata vissuta da nessuno. L'impegno, davvero unico in Europa, di mantenere in piedi un

IL CENTRO CONGRESSI
Il Centro, dotato di 3.500 posti
a sedere in 12 sale, ospita
convegni e manifestazioni.
© Gianni Berengo Gardin

THE CONFERENCE CENTRE
This Centre, seating 3,500
in 12 halls, is the venue for
conferences and other events.
© Gianni Berengo Gardin

IL GIARDINO DELLE
MERAVIGLIE E IL CORRIDOIO
DI CRISTALLO DELL'HOTEL
LE MERIDIEN
Il secondo cortile da Nord,
della fabbrica, è stato
trasformato, con palme, ulivi,
magnolie, bambù e altre piante,
in uno straordinario giardino,
che sorprende il visitatore.
È attraversato da un corridoio
in cristallo che unisce due corpi
dell'Hotel, di particolare
fascino notturno grazie
a una speciale illuminazione.
© Gianni Berengo Gardin

THE GARDEN OF WONDERS
AND THE GLASS CORRIDOR
OF THE HOTEL LE MERIDIEN
The factory's second courtyard,
coming from the north, has
been transformed with palm
trees, olive trees, magnolias,
bamboo and other plants into
an extraordinary garden that
astonishes visitors. It is crossed
by a glass corridor linking
two blocks of the Hotel,
particularly delightful by night
thanks to special lighting.
© Gianni Berengo Gardin

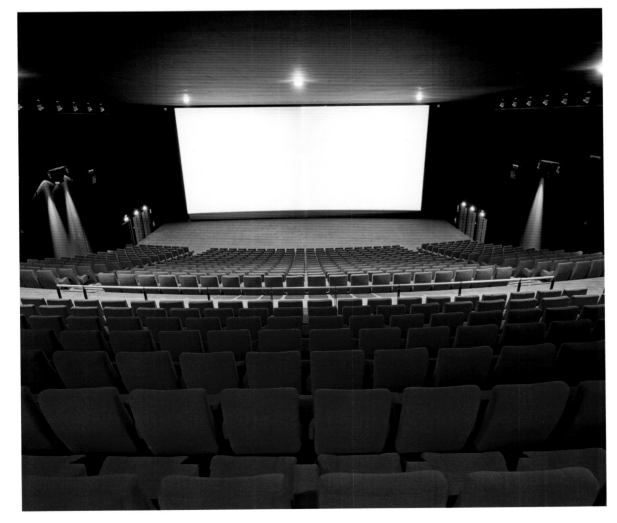

IL CINEMA PATHÉ
Su progetto di Renzo Piano,
il Gruppo Pathé ha realizzato
un multiplex cinematografico,
articolato in 11 sale, di capienza
variabile da 650 a 120 posti.
© Paolo Bertolini

THE PATHÉ CINEMA
The Pathé Group has created
a multiplex cinema to a project
by Renzo Piano, with
11 screens and accommodating
between 650 and 120 spectators.
© Paolo Bertolini

edificio industriale di queste dimensioni, non poteva che aprire confronti anche aspri sulle destinazioni dei suoi spazi: non poteva che vederli ridiscussi (da una committenza che muta negli anni) come dagli utenti. Forse solo un linguista, letterato e psicanalista, potrebbe esaminare, con un pizzico di necessaria ironia, l'incredibile sequenza di nominazioni che l'edificio e le sue parti hanno subito negli anni che precedono e accompagnano l'avvio dei tre successivi cantieri.

La storia di una cultura chiamata a rompere una situazione bloccata, ma anche a ritrovare significati al luogo, a reinterpretarne la storia, a inventare una tradizione e a renderla condivisa. Un processo che segue sentieri complessi, tutt'altro che lineari. Dalla rappresentazione degli «Ultimi giorni dell'umanità» di Karl Kraus all'inaugurazione dell'aula magna dell'Ingegneria dell'Autoveicolo, la cultura attraversa la storia del cantiere del Lingotto, in modi complessi, spesso discontinui. Così le mostre che si fanno riguardano Torino (e la sua storia architettonica e urbanistica) e un altrove (l'Unione Sovietica e gli Stati Uniti) che, forse casualmente, rappresentano i due modelli, certo in conflitto, dell'organizzazione scientifica del lavoro che si realizza. La musica, l'arte, la scuola, hanno costruito i luoghi forse più monumentali del Lingotto, valore che quasi sempre queste funzioni, che incorporano elementi simbolici così importanti, lasciano nel bene o nel male nelle città (e oggi le retoriche museali non fanno che enfatizzarne il ruolo, anche simbolico). Ma la cultura attraversa il Lingotto anche tramite il divertimento, il Giardino delle Meraviglie, i libri, i convegni. Una dimensione a volte davvero secolarizzata, che affianca funzioni più «sacre», dove la fruizione è quasi rituale, ma che forse introduce nel Lingotto quella società in cui la cultura è davvero un modo di essere anche del consumo.

La storia di tanti, davvero tanti, anonimi protagonisti. Non si riuscirà, neanche oggi che il cantiere sta finendo, a fissare, per un attimo, i volti o anche solo i numeri delle persone (migliaia) che hanno contribuito a realizzare il Lingotto. Una folla confusa forse, dove accanto alla committenza, all'impresa e alle pubbliche amministrazioni, agli architetti, ingegne-

## INGEGNERIA DELL'AUTOVEICOLO

In occasione del centenario della propria
fondazione, la Fiat sottoscrisse
una convenzione con il Politecnico
di Torino per l'istituzione di un corso
di laurea in Ingegneria dell'Autoveicolo.
A tal fine la Fiat donò all'Ateneo un edificio
di 13.000 metri quadri nella testata Nord
del Lingotto, con il progetto dell'architetto
Renzo Piano. La Fiat si impegnò anche
a sostenere il costo della ristrutturazione,
per la parte non coperta dal contributo
del Fondo Europeo di Sviluppo Regionale
deliberato dalla Regione Piemonte,
e inoltre a contribuire annualmente
ai costi di gestione.
La struttura universitaria, dotata
di moderni laboratori, computer e reti
di telecomunicazione, è già in funzione
e ospita 400 allievi, che a regime
saliranno a 600.
© Gianni Berengo Gardin
© Massimo Listri

ri, direttori dei lavori, imprenditori, società di ingegneria, operai edili (delle più diverse specializzazioni), compaiono legali, commercianti, mercanti, albergatori, vivaisti, un'infinità di lavoratori giornalieri. Una folla di cui si conservano pochi volti (anche solo gli architetti davvero coinvolti nel progetto architettonico o nel cantiere stanno svanendo). Un'immagine sfumata che contrasta con la permanenza dell'aura dell'edificio. Quasi che nel destino di questa fabbrica, che ha visto passare migliaia di lavoratori, questo destino anonimo fosse iscritto nelle sue pietre.

La storia dell'incertezza di una società, quella torinese, che tenta ancora di ragionare per funzioni e poi si ritrova a non trovare corrispondenze tra queste e i loro mercati, tra queste e l'organizzazione fisica e spaziale della città. Il Lingotto riformato nasce come una megastruttura che ritrova le sue funzioni in un processo di negoziazione continuo, che inizialmente procede quasi a tentoni, in cui le funzioni semplici perdono esclusività e chiarezza. Basta davvero una sera, seguire gli «abitanti» del Lingotto, vedere come i loro percorsi originati da una funzione (l'albergo, la Foresteria, il Politecnico) si mischino, trasformino que-

AUTOMOBILE ENGINEERING
On the centenary of its foundation, Fiat signed an agreement with Turin Polytechnic to institute a degree course in Automobile Engineering. To this end, Fiat donated a building to the University with an area of 13,000 square metres at the north end of Lingotto, with a project by the architect Renzo Piano. Fiat has also promised to cover any restructuring costs not met by contributions from the European Fund for Regional Development decided by Regione Piemonte and also to contribute annually to the running costs.
The university structure, equipped with modern workshops, computers and telecommunications networks, is already in operation and has 400 students, a number that will rise to 600 when it is fully operational.
© Gianni Berengo Gardin
© Massimo Listri

gli spazi in opportunità. Il Lingotto consente ancora una scoperta: è un luogo, anche quando la sua accessibilità sarà diversa, il cui contesto risulterà in gran parte mutato e reso più gradevole, più urbano, quando il tessuto urbano che lo circonda sarà meno estraneo al Lingotto riformato, ma anche meno uguale alle storie che quell'architettura ha scritto e inizia nuovamente a scrivere; rimarrà un edificio irriducibile a una funzione, o anche a un'ordinata sequenza di funzioni.

E forse questo, al di là di tutti i riconoscimenti avuti, è l'impresa più complessa e il merito più difficile da conseguire che l'architetto genovese ha saputo portare a termine.

LA FONTANA
Il piazzale Est ospita
una fontana animata
da una scultura mobile
dell'artista giapponese
Susumu Shingu.
© Paolo Bertolini

THE FOUNTAIN
The East square contains
a fountain enlivened
with a mobile sculpture
by the Japanese artist
Susumu Shingu.
© Paolo Bertolini

To gain access to the first floor you climb oblique staircases. These are some of the few elements to break the geometry of the architectural structure, a dissonance that actually hints at more general contradictions. It is almost impossible really to know the Lingotto building. The functions it houses have multiplied to produce hybridising effects. The architecture seems to have gone beyond the choices of the clients and even those of its architect. Today it is a place, still incomplete, but a place - one where the margins separating the functions erode the differences. This is perhaps what is most striking if you think back to the course of events, spanning more than twenty years.

Discussion of what to do with the Lingotto building recommenced in 1981, even before industrial production moved out, leaving the building a bed of asbestos. This exchange put into question the cultural foundations of American-style industry: the values assured by this company and produced by the architecture; a sense of belonging (to a professional group and an organisation); of identity (marked by work, but also its continuity), and of security (even if that meant a life lived out within the limits of a social, not just working, role). Perhaps the only people ever to have played in the Lingotto have been the architects (also because of the nature of the competition held in 1983).

Nothing in this long course of events has lived up to that joyful beginning. The very meaning that the monument was to embody has been the subject of a lengthy and still on-going

debate. Architecture symbolising what? A voracious and, indeed, changing sense of modernity, the scientific organisation of work and its protagonists, social conflict and its players, the culture of free enterprise? The history of the Lingotto itself is no help. This factory became both symbolic and obsolete all too quickly, as early as the late 1920s, and the numerous conferences held between 1982 and 1989 on the building's destiny bear witness as much to a planning approach that has still to be analysed as to a veritable *horror vacui*. The idea that the area occupied by Lingotto was marked on municipal maps with a black pen-stroke was genuinely erased, to the point of forgetting to carry forward, at the same time, studies on the possible restructuring of the building and others on forms of management for the activities that were to be installed there.

This condition should surprise no one and was the consequence of a period of recession, one worsened by the international events of 1989. The effects of this recession were heightened by an architectural and urbanistic awareness that is unfamiliar (or pretends to be) with the history of the city. This history is one of voids, neglect and temporary and often improper re-appropriations of spaces, before a convent becomes a factory or an abandoned space a garden or a square. The recession struck a society founded on certainties, some harsh and simplified, and a culture, economic and social, constructed on constant growth, expressed not accidentally by an elementary metaphor: boom periods. The story of the Lingotto conver-

sion actually contains many events that will have to be narrated and that can only be retraced in the hope that they do not turn out like the battles of Camillus at dawn.

This is the lengthy story of the project and of the designer, who had to contend with architecture featuring a mass of orders (constructive, distributional, formal). It highlights the successes and negotiations, almost as if this were part of a city rather than just a piece of architecture. The project was born into a given cultural climate and is the product of a man's professional experience (that of Renzo Piano). Indeed, in its detail and strategies it almost constitutes a biography of the architect (to be read, of course, in conjunction with what Piano was designing simultaneously). It is a biography that both enriches and belies the way the Genoese architect's fame has been constructed: it enriches it through his successful dialogue with a truly autonomous example of architecture, and it belies his reduction to a technical wizard, an image behind which Piano often hides his design choices.

This is the story of a building project divided into three stages during which nearly all the protagonists, apart from Renzo Piano himself, changed. The architects flanking him changed, as did the client, the contractors, the engineering firms and the inspectors – to an extent rarely seen in twentieth-century architecture. The Lingotto project was, incongruously, the height of modernity (with, for example, major roles played by highly sophisticated mathematical modelling), but also an almost medieval site, a social place where the architect had to reassert his authority nearly every day and where the architecture highlighted the complexity of the values (even constructional) that it ordered and incorporated, together with the architectural project. It was a place of technical and figurative invention and of productive but also formal, standardisation, of overlapping responsibilities and their hier-archical repositioning, of almost daily challenges to the intelligence, to the capacity to ad-dress and resolve problems, to the continuity that every project must maintain in time to avoid disappearing into formalism, whether technological or artistic.

This is the story of a piece of architecture and its resistance to change and transformation. Lingotto keeps its identity. It is not just the grid, the pattern of windows on the façade, the ramps or the testing track that fix this image. It has something of a Walter Benjamin aura, especially at night. Now that the restructuring is almost complete, the architecture does seem very different from all the shopping centres and mega-structures built in the last twenty years around the world. Paradoxically, a factory seems to support the most sophisticated theories proposed over the past fifty years about the independence of architecture from its manner of construction.

The building does not identify with any of the activities conducted in it. Like any edifice of this size, Lingotto has public spaces and private spaces; it presents major innovations (for example the Globe and the Picture Gallery) that have changed its skyline, and places that have become almost legendary, such as the ramps or the test track. The architecture distrib-utes its spaces marking some obligatory routes and others with no restrictions; it presents the visitor with garage, basements, auditoria, stairs, lifts and endless service spaces. This archi-tecture may appear public, crowded with people like Paris passages, and therefore impossible to know. This is a now rare experience in a society that seeks to give themes even to amuse-ments. Lingotto is architecture that can still prove bewildering, despite its strong image and its value as a monument. This paradox is one of the many that will have to be investigated.

It is the history of a dual architecture that, particularly in times of weak and fleeting sym-bols and images, remains a very strong sign - a sign which the salvaged office block, its restoration handled with as much care as a building by Juvarra, reveals in the various strat-egies adopted and in the architectural detail incorporated in the block; a memory of the twentieth century, with which we have such difficulty in engaging. Lingotto and the re-structured block stand for a salvage operation that had to choose when to pursue the phil-ology of rigorous restoration and when the scale forces one to restructure.

It is the history of a challenge that has led Fiat and the city to be united and at odds over these last twenty years. No major urban transform-ation has ever been straightforward: even the greatest *place royale*, Place Louis XV, now Place de la Concorde, in Paris, was born and developed amidst endless disputes. The city is a place of conflict and of competition, as *civi-tas* and as *urbs*. When such high economic and symbolic values are at stake, the exchange can only be harsh if perhaps salutary. In this game the actors have over the years played different

## Lo Scrigno

Le particolarità della costruzione sono molte: lo scrigno prende luce solo dall'alto, da un grande tetto in cristallo, ed è sormontato da una struttura d'acciaio con alette di cristallo smerigliato che abbattono i raggi del sole. Lo scrigno poggia solo su quattro supporti, d'acciaio anch'essi, che in lontananza quasi scompaiono. Si ha l'impressione che lo scrigno sia staccato dall'edificio. Il parasole di metallo e vetro appare anch'esso staccato, e per questa ragione viene detto «tappeto volante». Una bellissima scala appesa e due ascensori di cristallo assicurano i collegamenti verticali.
© Massimo Listri
e Ernani Orcorte

## The "Scrigno"

The construction has many unusual features: the "scrigno", the"treasure chest", is lit only from above, through a large glass roof, and is surmounted with a steel structure with frosted glass wings that reduce the sun's rays. The "scrigno" rests on just four supports, also in steel, which almost disappear from a distance. The "scrigno" looks as if it is detached from the building. The metal and glass parasol also looks as if it is detached, and for this reason is known as the "flying carpet". A beautiful suspended staircase and two glass lifts provide the vertical links.
© Massimo Listri
and Ernani Orcorte

parts, themselves changing roles, almost as if in an obligatory theatrical performance. Lingotto is not a disused industrial area, a void to be filled, the memory of which can be preserved in a chimney or a symbol. No one saw it that way. The commitment, unique in Europe, to keeping an industrial building of this size standing could not but prompt sometimes tough arguments about the use of the space. These would then be re-discussed by a client body (that also changed over the years) and by its users. Perhaps only a linguist, both scholar and psychoanalyst, could with a necessary pinch of irony analyse the incredible sequence of personnel appointments made to the building and its parts in the years before and during the opening of the three subsequent construction sites.

This is the story of how culture was called upon to free up a stale-mate and also to rediscover meanings for the place, reinterpret its history, invent a tradition and make it shared. This process pursued complex and anything but linear paths. From the theatrical performance of Karl Kraus's "Last Days of Humanity" to the re-opening of the great vehicle-engineering hall, culture pervades the history of the Lingotto factory in complex and often discontinuous ways. Thus, the exhibitions held here have been about Turin and its architectural and urban history, and an elsewhere (the Soviet Union and the United States) that, perhaps by chance, represented the two, clearly conflicting, models of scientific work organisation. Music, art and teaching are behind what are perhaps the most monumental places in Lingotto - a value that these functions, embodying such major symbolisms, nearly always leave, for better or worse, in cities. But culture pervades Lingotto also through amusements: the "garden of wonders", the books and conferences. This is sometimes a truly secularised dimension, which flanks more "sacred" functions, where enjoyment becomes almost ritual but perhaps introduces that society to Lingotto in which culture is also a way of consuming.

This is the story of many anonymous figures. Not even now that the work is nearing an end is it possible to remember the faces or even just the numbers of those who have helped create Lingotto. It is a perhaps muddled crowd where, alongside the client, the company and bureaucrats, there are the architects, engineers, works managers, entrepreneurs, engineering companies and construction workers; the lawyers, tradesmen, merchants, hoteliers, nur-

*Nelle pagine seguenti*

LA PINACOTECA GIOVANNI E MARELLA AGNELLI
La struttura destinata ad accogliere i capolavori della collezione d'arte di Giovanni e Marella Agnelli è stata realizzata su progetto di Renzo Piano ed eseguita a cura di Fiatengineering. La Pinacoteca si sviluppa in verticale, utilizzando complessivamente una superficie di circa 2.800 metri quadri, su sei livelli. Il livello più alto è il cosiddetto «scrigno», che ospita la collezione permanente. Subito sotto, al livello della pista e a quello immediatamente inferiore, si trova lo spazio per le mostre temporanee, di circa 1.000 metri quadri. Nei piani inferiori saranno ospitati il centro didattico per l'arte, gli uffici, e infine, al livello della Galleria Commerciale, un bookshop e la biglietteria del museo. La gestione della istituzione culturale è affidata alla Società Palazzo Grassi.

*Following pages*

THE GIOVANNI AND MARELLA AGNELLI PICTURE GALLERY
The structure destined to house the masterpieces of Giovanni and Marella Agnelli's art collection was built to a project by Renzo Piano executed by Fiatengineering. The Picture Gallery develops vertically on six levels over a total surface area of approx. 2,800 square metres. The highest level is the so-called "scrigno", which will house the permanent collection. Immediately below this, at the track level and the one directly underneath it, is the space allocated to temporary exhibitions, approx. 1,000 square metres in all. The lower floors will be home to the educational art centre, the offices and lastly, on the Shopping Mall level, a bookshop and the museum ticket office. Management of the cultural institution is entrusted to the Società Palazzo Grassi.

37

ALCUNE OPERE
DELLA COLLEZIONE /
SOME WORKS
OF THE COLLECTION
In alto / *Top*, Henri Matisse,
«Assiette de fruits et lierre
en fleur dans un pot à la rose»,
1941; «Tabac Royal», 1943;
«Michaella, robe jaune
et plante», 1943; «Branche
de prunier, fond vert», 1948.
Accanto / *Right*, Canaletto,
«Il Canal Grande da Santa
Maria della Carità verso
il bacino di San Marco», 1726.
© Massimo Listri

ALTRE OPERE
DELLA COLLEZIONE /
FURTHER WORKS
OF THE COLLECTION
A sinistra / *Far left*, Pablo
Picasso, «Homme appuyé
sur une table», 1915-1916;
«L'Hétaire», 1901.
Accanto / *Left*, Henri Matisse,
«Méditation - Après le bain»,
1920; «Femme et anémones»,
c. 1920; «Intérieur
au phonographe», 1924;
al fondo / *Far back*, Antonio
Canova, «Danzatrice con mani
sui fianchi», 1811-1812.
In basso / *Below*,
Giacomo Balla,
«Velocità astratta», 1913.
© Massimo Listri
e Ernani Orcorte

serymen and countless day workers. Few of the faces in this crowd remain (even the architects who worked on the architectural project or the worksite are disappearing). It is a blurred image that contrasts with the permanent aura of the building. It is almost as if the anonymous fate of this factory, which has seen thousands of workers come and go, were written into its stones.

This is the story of an insecure society, that of Turin, still trying to reason by functions and then finding these do not correspond to the markets or to the physical organisation of the city. The reformed Lingotto was created as a mega-structure that discovers its purpose through a process of ongoing negotiation, that initially advances almost blindly and in which the simple functions lose their exclusivity and clarity. One evening, just try following the Lingotto "inhabitants" to see how paths that start with a function (hotel, guest-rooms, the Polytechnic) mix and transform those spaces into opportunities.
Lingotto will allow yet another discovery: when the approaches to it change, when its context becomes more attractive and more urban, when the surrounding neighbourhood is less alien to the reformed Lingotto. But when this happens it will also be less equal to the past history of this architecture and the history which it is beginning to write again. This is a building that cannot be reduced to a single function, or even to an orderly sequence of functions.

And perhaps, over and above all the recognition he has had, this is the most complex undertaking and the greatest achievement that Renzo Piano has brought to conclusion.

# Lo stabilimento Fiat al Lingotto: fatti, episodi e personaggi 1915-2002

Dopo alcuni viaggi negli Stati Uniti d'America e molte discussioni, nel 1915 il Consiglio di Amministrazione della Fiat decide di costruire il suo nuovo stabilimento «americano» in regione Lingotto, in continuità con gli altri stabilimenti già costruiti nella zona sud della città. Il cantiere inizia nel luglio del 1916. Il progetto e la direzione lavori sono dell'ingegner Giacomo Matté Trucco. Con lui collaborano altri, noti ingegneri torinesi del tempo. Nel settembre dello stesso anno prende avvio il tracciamento dell'edificio centrale, lungo più di mezzo chilometro. I lavori della pista, il simbolo forse più noto dello stabilimento, si concludono nel 1921. Le rampe (rispettivamente Nord e Sud), gli altri due simboli che connotano il Lingotto, sono completate nel 1925 e nel 1926, data in cui si inaugura anche la Palazzina Uffici, sede del consiglio di amministrazione dell'azienda.

Torino in quegli anni sta completando la prima rivoluzione industriale. Avviata, con industrie soprattutto tessili nella zona nord della città, si sviluppa, con produzioni, prevalentemente meccaniche, a sud, iniziando da Borgo San Paolo, dove si insedia anche la Lancia, per proseguire con Lingotto e, dopo pochi anni, raggiungere Mirafiori. Lo stabilimento Fiat, progettato a partire dal 1933, sarà inaugurato il 1° maggio 1939 e raddoppiato nel 1956.

Il Lingotto entra, ancor prima di essere terminato, negli immaginari della società italiana. Vi entra attraverso le letture che ne danno Persico e Le Corbusier, le immagini di famosi fotografi, le tante visite che quasi ogni delegazione importante che si reca in Italia compie allo stabilimento. Luogo di lavoro, diventa anche, quasi da subito, simbolo di un'Italia industriale che fatica a decollare.

Con l'apertura dello stabilimento di Mirafiori, il Lingotto appare obsoleto. Le sue produzioni distribuite su più piani sembrano antieconomiche. Già prima della seconda guerra mondiale si inizia a discutere di un suo possibile riuso. Eppure la fabbrica rimane in produzione, occupando migliaia di operai, sino al 1982. In realtà, le discussioni sulle possibili nuove destinazioni iniziano alla fine degli anni settanta, soprattutto dopo la crisi del 1980. Sono momenti interessanti di confronto, cui partecipano impresa, amministrazione, sindacato, intellettuali, tecnici. Quasi nessuno mette però in discussione la necessità di conservare la fabbrica.

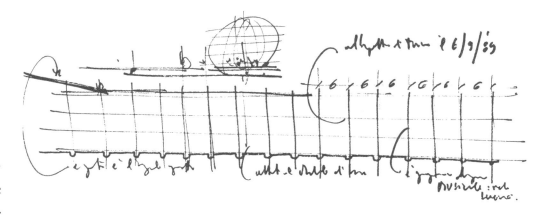

È l'Azienda a prendere l'iniziativa. Sono soprattutto l'avvocato Giovanni Agnelli e il dottor Cesare Romiti a credere nella possibilità di mantenere viva la struttura aprendola tuttavia a nuove destinazioni. Venti architetti, scelti tra i più noti al mondo, vengono invitati a presentare loro progetti sulla possibile nuova destinazione del Lingotto. I progetti sono presentati in una mostra organizzata nel 1984 e discussi in diversi convegni e incontri. Gli anni seguenti sono ricchi di iniziative che culminano nell'incarico dato, nel marzo 1985, dal Consiglio Comunale di Torino a Giuseppe de Rita, Roberto Guiducci e Renzo Piano di elaborare un piano di fattibilità per il riuso. La relazione sarà approvata definitivamente nel novembre 1987. La città e la regione approveranno il nuovo piano particolareggiato, che consente di mutare le destinazioni previste, nel 1990.

Torino conosce in quegli anni una crisi e un processo di riorganizzazione industriale profondi. La conseguenza più visibile è la dismissione di aree industriali, l'apertura di una nuova stagione sociale e urbanistica per la città. Lo studio del nuovo piano regolatore della città viene affidato allo studio Vittorio Gregotti nel 1986, lo stesso anno in cui Fiat conferisce allo studio Piano l'incarico per la progettazione architettonica del nuovo Lingotto.

Negli anni tra il 1986 e il 1991, quando prenderà concretamente avvio il cantiere, il Lingotto conosce un'intensa stagione culturale. Nella ex Sala Presse, oggi Centro Congressi, si tengono concerti diretti da Luciano Berio e da Claudio Abbado, rappresentazioni teatrali, sotto la direzione di Luca Ronconi. Nelle officine si apre, nel giugno del 1989, la mostra sull'«Arte Russa e Sovietica 1870-1930», cui seguirà, nel 1992, quella sull'«Arte Americana 1930-1970». Nella sede della palazzina vengono allestite le mostre sull'architettura e l'urbanistica di Torino e quella su Andy Warhol. Diversi spazi dell'area del Lingotto anticipano una stagione culturale, ancor oggi vivace, di uso temporaneo di edifici industriali per manifestazioni culturali di grande rilievo.

Il cantiere del Lingotto inizia (la fase è la I) nel 1991 con la riorganizzazione e il completamento dell'edificio delle presse, destinato a fiere e grandi manifestazioni culturali (dal salone dell'auto a quello del libro, più volte vi troveranno ospitalità). La ristrutturazione si completa nel marzo 1992. Quella che pareva una sfida di pochi comincia a prendere corpo, e vedrà coinvolta, negli undici anni necessari per arrivare al Lingotto riformato, una folla di uomini: architetti, tecnici, imprese, operai di ogni specializzazione, banche, istituzioni, oltre che i responsabili dell'opera.

I lavori sulle officine, lo stabilimento vero e proprio, iniziano nel 1993 con un progetto che comprende i due terzi dello stabilimento (fase II) e che si concluderà in tre anni. L'ultima fase, la terza, quella che si chiude nel settembre 2002, ha preso avvio nel novembre del 1999.

Il progetto conserva, come misura dell'edificio, la maglia 6 x 6, che aveva caratterizzato il progetto di Matté Trucco, riuscendo anche a salvaguardare le due facciate e le loro scansioni, legate a quella maglia. I nuovi interventi, l'Auditorium, la Bolla, la Pinacoteca, il nuovo Politecnico, il Giardino delle Meraviglie, vengono condotti, nei cortili, scavando un nuovo spazio, al di sopra dello *skyline* dell'edificio. Il Lingotto oggi si presenta come una struttura articolata e complessa. Una struttura dove convivono, distribuite con intelligenza, cultura, Politecnico, Università, l'Auditorium, accoglienza, l'Hotel, foresterie, servizi, il Centro Congressi, l'area fieristica, svago, i cinema, la Galleria Commerciale. Tutto questo senza seguire i modelli, davvero banali, degli shopping center o delle megastrutture nordamericane. A differenza di altre operazioni, che si presentano come sostituzione di ciò che esiste e, spesso, a riduzione della memoria a pochi simboli, il Lingotto oggi vive di una distribuzione raffinata delle funzioni, di percorsi che, pur specializzati, consentono una percorrenza unitaria degli spazi, creano quell'effetto città, che deriva essenzialmente dalla possibilità di mischiare uomini e funzioni, senza rompere l'unità di quell'architettura unica oggi in Europa.

Il Lingotto conserva una sua identità, una collocazione urbana difficile, che l'occasione dei giochi olimpici servirà a modificare, un ambiente che progressivamente sta mutando, e che con il completamento delle destinazioni a parco delle aree cedute dalle ferrovie vedrà avviato a soluzione anche l'aspetto ambientale del nuovo insediamento.

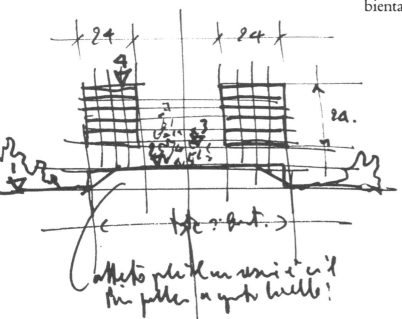

I disegni preparatori riprodotti nel saggio sono di Renzo Piano.

# The Fiat Lingotto factory:
# Facts, events and people 1915-2002

After a few trips to the United States and much discussion, in 1915, the Fiat board of directors decided to construct its new American-style factory in the Lingotto area, aligned with the other plants already built in the south of the city. Work began in July 1916 and the project and works management were entrusted to the engineer Giacomo Matté Trucco. Other well-known Turinese engineers of the period assisted him. In September of the same year the central block, more than half a kilometre long, was laid out. Work on the rooftop car test track, perhaps the factory's best-known symbol, was completed in 1921. The ramps (north and south), Lingotto's other two symbols, were finished in 1925 and 1926, the date when the office block, seat of the company's board of directors, was also inaugurated.

In those years, Turin was nearing the end of its first industrial revolution. This had begun with the textile industries in the north of the city, progressed through manufacturing, mainly mechanical, to the south, starting from Borgo San Paolo where Lancia was situated, continued with Lingotto and, a few years later, reached Mirafiori.

The Fiat factory, on which design started in 1933, was inaugurated on 1 May 1939 and doubled in size in 1956. Even before it was completed, Lingotto had become a household image in Italy. It did so through the writings of Persico and Le Corbusier, through the pictures by famous photographers and the visits made to the factory by nearly every leading delegation visiting Italy. A workplace, it almost immediately also became the symbol of an industrial Italy that was struggling to emerge.

When the Mirafiori factory opened, Lingotto seemed obsolete; its production, spread over several storeys, seemed uneconomical. Even before World War II people had begun discussing a possible new use for it. Yet the factory remained in production, employing thousands of workers, until 1982. Serious discussion of possible new uses started at the end of the 1970s, particularly after the 1980 recession. This period saw interesting exchanges between company, administration, unions, intellectuals and technicians. Hardly anyone, however, questioned the need to conserve the factory.

It was the company that took the initiative. Giovanni Agnelli and Cesare Romiti in particular were convinced that the structure could be kept alive, albeit with a new purpose. Twenty architects, selected from among the most famous world-wide, were invited to present projects for the possible new use of Lingotto. These were shown in an exhibition organised in 1984 and discussed at several conferences and meetings.

The following years were full of activity, which culminated in the Turin municipal council asking Giuseppe de Rita, Roberto Guiducci and Renzo Piano to draw up a feasibility plan for Lingotto's conversion in March 1985. The report was definitively approved in November 1987 and the city and regional authorities approved the new detailed plan for a change of use in 1990.

Turin was in recession and underwent a radical process of industrial reorganisation. The most visible consequence of this was the abandonment of industrial areas, the beginning of a new social and town-planning phase of the city.

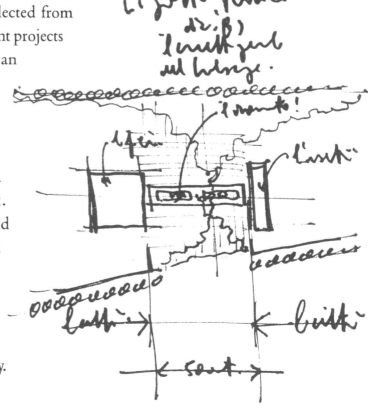

The study for the new city was entrusted to Vittorio Gregotti in 1986, the year Fiat also commissioned Piano to produce the design for the new Lingotto.

Between 1986 and 1991, when building actually began, Lingotto was culturally buzzing. The former press shop, turned into a conference centre, was the venue also for concerts conducted by Luciano Berio and Claudio Abbado and for theatrical performances under the direction of Luca Ronconi. The workshops, opened in June 1989, hosted an exhibition on Russian and Soviet art, 1870-1930, followed, in 1992, by one on American art, 1930-1970. The office block was used for exhibitions on Turin's architecture and city planning and on Andy Warhol.

The spaces in Lingotto were forerunners of a still current trend to make temporary use of industrial buildings for major cultural events. Building work on Lingotto started (phase I) in 1991 with the reorganisation of the press shop for exhibitions and large cultural events (from the motor show to the book fair, repeatedly held here). Restructuring was completed in March 1992.

What had seemed a challenge by a few started to take shape and, in the eleven years needed to create a reformed Lingotto, it involved a host of people: architects, technicians, contractors, skilled workers of all kinds, banks and institutions as well as the administrators of the scheme.

Work on the shop-floor, the factory proper, started in 1993 with a project that took in two-thirds of the premises (phase II) and ended after three years. The last phase (III), due for completion this September, started in November 1999. The project preserves the 6 by 6 metre grid of the building, featured in the original design by Matté Trucco, and manages to save the two façades and their rhythms.

The additions - the Auditorium, Globe, picture gallery, new Polytechnic and "garden of wonders" - are in the courtyards, or alter the skyline of the old building. Today Lingotto is an articulated and complex structure in which culture, polytechnic, university, auditorium, hospitality, hotel and guest accommodation, conference centre, exhibition area, amusements, cinemas and shopping mall all co-exist intelligently. This has been achieved without adopting the banal models of North American shopping centres.

Unlike other restructurings that essentially substitute the original building and reduce its memory to a few symbols, Lingotto today presents the visitor with a subtle distribution of functions and routes that allow a unitary passage through the spaces, creating the effect of a city where people and functions mix, without, however, breaking the unity of the architecture, which is today unique in Europe.

Lingotto conserves its own identity in a difficult urban location that will change with the 2006 Winter Olympic Games in Turin. The surroundings are gradually being transformed and, when the land given up by the railway has been turned into gardens, the environmental aspect of the new installation will also be on its way to being resolved.

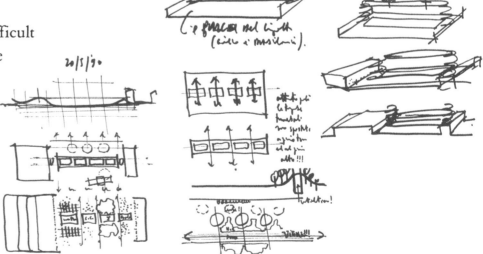

The preparatory drawings reproduced in the essay are by Renzo Piano.

# Le opere della Collezione Agnelli

# The works in the Agnelli Collection

1.

Lo «Scrigno», una struttura in acciaio di 450 mq collocata sulla pista del Lingotto, accanto alla «bolla» trasparente che sovrasta il complesso, ospita la Pinacoteca Giovanni e Marella Agnelli: sono venticinque opere scelte, all'interno della vasta raccolta privata, con un criterio molto eterogeneo.

Il nucleo di arte antica è rappresentato dalle sei vedute di Venezia dipinte da Canaletto e dalle due di Dresda del Bellotto. Il nucleo di opere del Settecento veneto è completato dall'«Alabardiere in un paesaggio» di Tiepolo, parte di una tela di ampie dimensioni conservata alla National Gallery of Scotland di Edimburgo, e dalle due danzatrici di Antonio Canova dell'inizio dell'Ottocento.

«La Négresse» di Manet e «La Baigneuse blonde» di Renoir, proveniente dalla collezione del celebre storico dell'arte inglese Kenneth Clark, introducono alla sala con i sette Matisse: una collezione nella collezione, un *unicum* per il numero e la qualità delle tele, datate tra il 1920 e il 1948.

L'avanguardia futurista è rappresentata da «Lanciers italiens au galop» di Severini e «Velocità astratta» di Balla (nel *verso* è raffigurata la «Marcia su Roma»), mentre il «Nu couché» di Modigliani è diventata l'immagine-simbolo di tutta la mostra.

Picasso è rappresentato da due tele del pittore spagnolo molto amate da Giovanni e Marella Agnelli: l'«Homme appuyé sur une table» del 1915-1916 e «L'Hétaire» del 1901.

Un insieme di opere di altissimo livello per la prima volta visibili al pubblico, in un contenitore straordinario dove rimarrà in esposizione permanente.

2.

3.

4.

5.

6.

7.

8.

9.

6. GIOVANNI ANTONIO CANAL,
DETTO IL CANALETTO,
«Il Bucintoro al molo nel giorno
dell'Ascensione», c. 1740.

7. GIOVANNI ANTONIO CANAL,
DETTO IL CANALETTO,
«Il Canal Grande dalla chiesa di Santa
Maria di Nazareth (o degli Scalzi)
alla chiesa di Santa Croce», 1738.

8. BERNARDO BELLOTTO,
«La Hofkirche di Dresda con il castello
e il ponte di Augusto (Dresda dalla riva
sinistra dell'Elba)», 1748.

9. BERNARDO BELLOTTO,
«Il Mercato Nuovo di Dresda
visto dalla Moritzstrasse», c. 1750.

10. ANTONIO CANOVA,
«Danzatrice con dito al mento»,
1809-1814.

11. ANTONIO CANOVA,
«Danzatrice con mani sui fianchi»,
1811-1812.

11.

12.

13.

14.

15.

16.

17.

18.

19.

20.

12. ÉDOUARD MANET,
«La Négresse», 1862-1963.

13. PIERRE-AUGUSTE RENOIR,
«La Baigneuse blonde», 1882.

14. HENRI MATISSE,
«Femme et anémones», c. 1920.

15. HENRI MATISSE,
«Méditation - Après le bain», 1920.

16. HENRI MATISSE,
«Intérieur au phonographe», 1924.

17. HENRI MATISSE,
«Assiette de fruits et lierre en fleur
dans un pot à la rose», 1941.

18. HENRI MATISSE,
«Michaella, robe jaune et plante», 1943.

19. HENRI MATISSE,
«Tabac Royal», 1943.

20. HENRI MATISSE,
«Branche de prunier, fond vert», 1948.

The Giovanni and Marella Agnelli Picture Gallery is housed in the "Scrigno" ("treasure chest"), a 450 square metre steel structure constructed on the Lingotto test track, alongside the transparent "Bubble" meeting room which dominates the complex. The collection consists of twenty-five works chosen from the extensive private Agnelli collection.

The nucleus of pre-1800 art is represented by six views of Venice painted by Canaletto and two views of Dresden by Bernardo Bellotto. Tiepolo's "Halberdier in a Landscape", part of a large-scale painting in the National Gallery of Scotland in Edinburgh, completes the nucleus of Venetian eighteenth-century works, together with two sculptures of dancers by Antonio Canova from the early nineteenth century.

"The Negress" by Manet and "The Blonde Bather" by Renoir, the latter once part of the collection of the celebrated English art historian Kenneth Clark, lead into the room with seven Matisses: the number and quality of these paintings, from 1920 to 1948, make them a virtual collection within the collection.

Futurism is represented by "Galoping Italian Lancers" by Severini and "Abstract Velocity" by Balla, on the reverse side of which is "March on Rome". Modigliani's "Reclining Nude" has become the image symbolising the entire collection.

Picasso, a painter particularly dear to Giovanni and Marella Agnelli, is represented by two paintings: "Man Leaning against a Table" of 1915-1916 and "The Hetaera" of 1901.

For the first time this superb collection of works is on show to the public in its extraordinary setting, where it will remain on permanent display.

21.

21. GIACOMO BALLA,
«Velocità astratta», 1913.

22. PABLO PICASSO,
«L'Hétaire», 1901.

23. PABLO PICASSO,
«Homme appuyé sur une table»,
1915-1916.

22.

23.

24. GINO SEVERINI,
«Lanciers italiens au galop», 1915.

25. AMEDEO MODIGLIANI,
«Nu couché», 1917.

24.

25.

Le fotografie delle opere sono di Sergio Anelli, Ernani Orcorte, Luciano Pedicini, Giuseppe Schiavinotto.

© 2002 FIAT SPA E SOCIETÀ EDITRICE UMBERTO ALLEMANDI & C.

SECONDA RISTAMPA APRILE 2005
PRESSO CAST, MONCALIERI (TORINO)

FOTOLITO FOTOMEC, TORINO

DESKTOP PUBLISHING CARLO NEPOTE

DISTRIBUTORE ESCLUSIVO ALLE LIBRERIE
MESSAGGERIE LIBRI